Ich wusste, dass wir Freunde werden

Sobald du deinen Mund öffnetest
und ich deine sanften Klänge vernahm,
Wusste ich, dass wir Freunde werden.
Das erstemal, lieber Reisender,
als dein Lachen erklang,
wusste ich, dass ich nicht lange brauchte,
um dich zu veranlassen, wieder in Gott
aufzugehen.

Hafiz

Liebeslieder an Gott

★

Islamische Mystik

ch.falk-verlag

Aus dem Amerikanischen
von Hans Rein
unter Mitwirkung von Ingrid Michael

Fotoillustrationen: Christa Falk

Umschlaggestaltung: Christa Falk und Josef Riess
Gesamtgestaltung: Christa Falk
unter Mitwirkung von Werner Scholze
Satz: Werner Scholze
Druck: druckhaus köthen

ISBN 3-89568-107-5
Printed in Germany

Inhalt

Über „das Göttliche"
eine Anmerkung von Daniel Ladinsky

Dichtkunst in ihrem Zenit ist Sprache gewordene Sonne.
Die Sprache, die eins geworden ist mit dem Geist, leistet der Welt einen ungeheuren Dienst: sie ermächtigt und verändert Leben, sie erweckt Liebe, Wertschätzung und das Wunder und enthüllt Den Tanz.

Die Worte eines Poeten-Heiligen sind einzigartig, sie werden zu Busenfreunden für das Herz – denn sie befreien und trösten immerdar, sie machen frei.

Angehörige vieler Religionen glauben, daß es zu allen Zeiten Menschen gibt, die eins sind mit Gott. Diese seltenen Seelen verbreiten das Licht auf dieser Erde und vertrauen das Göttliche den anderen an.

Hafiz gilt als solch eine Seele, die kam, um in dieser heiligen Einheit zu leben, und manchmal spricht er sogar direkt in seiner Poesie von dieser Erfahrung. Er verrät Geheimnisse und gibt jenen die Schlüssel an die Hand, die ihrerseits bereit sind, mit Gott zu verschmelzen.

Einmal fragte mich jemand, wie denn in aller Welt ein Mensch von sich sagen könne, er sei Gott?

Ich erwiderte ihm:" Wenn Gott existiert, ich meine, wenn es einen wirklichen Gott gibt - einen, der allmächtig ist - , dann gibt es nichts, was Gott nicht tun könnte. Das heißt, wenn Gott wollte, so könnte er sich jemandem ganz hingeben, ohne sein eigenes Sein dadurch auch nur im geringsten zu schmälern. Und wenn Sie der Empfänger dieser göttlichen Gabe wären - was würden Sie dann wissen?"

Rumi, Kabir, Saadi, Shams(Hafiz), der Heilige Franziskus und Ramakrishna zählen zu denen, die diese Vollkommenheit oder die Einheit mit Gott erlangt haben durch ihre tiefe und innige Liebesaffaire mit dem Geliebten.

"Verwirklichte Seelen","Vollkommene Meister" werden sie genannt - in Hafiz' eigenen Worten

"die Stimme des Flusses, der sich in den Ozean ergossen hat,
lacht und singt nun wie Gott selbst".

Wo Delphine Tanzen

Sobald wir morgens unsere
Augen öffnen,
beginnt die Arbeit wieder.

Hoffentlich hast du in der Nacht
gut geruht.

Wozu in die Stadt oder auf die Felder eilen,
ohne zuerst den Freund zu küssen,

Der immer an deiner Tür wartet ?
Es dauert nur einen Augenblick.

Gewohnheiten sind menschlicher Natur –
Warum nicht solche schaffen,
die goldwert sind ?

Deine Arme sind wie Violinbögen
immer in Bewegung.

Ich erkannte deutlich,
auf wem wir alle spielen.

Deshalb haben sich meine Augen gefüllt
mit einem sanften warmen Meer
Göttlicher Musik

Wo glänzende Delphine tanzen
und dann in diese Welt hinübergleiten

Alle H

Verlasse das Vertraute für ein Weilchen,
erweitere deine Sinne und enthülle deine Formen.

Heiße die neue Jahreszeit willkommen
mit ihren Wiesen, Ufern und Hügeln.

Öffne dich nach oben.
Entdecke neue Dimensionen
deiner Begeisterung und Liebe.

Wie eine in der Nacht erblühende Blume
gib von deinem lebendigen Duft des Glücks
und durchdringe unser vertrautes Beisammensein.

während sie sich g
mit deinem nukta

sphären

Verlasse nur für einen Tag
die Welt deines Gemüts.

Alle existierenden Hemisphären
liegen am Äquator deines Herzens.

Grüße dich
in deinen tausend anderen Formen,
wenn dich der verborgene Strom nach oben trägt
und du nach Hause reist.

All die Hemisphären des Himmels sitzen
plaudernd um dein Feuer,

itig durchdringend
eda verschmelzen.

In einer Handvoll Gott

Gedichte enthüllen, dass es keinen leeren Raum gibt.
Wenn deine Wahrheit ihre Scheu verliert,
Wenn deine Ängste sich deiner Stärke unterwerfen,
Wirst du erfahren, dass alles Leben
Ein überfließendes Meer von unendlichem Licht ist.
In einer Handvoll Meereswasser
Könntest du nicht die fein gestimmten Musiker zählen,
Die volltrunken handeln
Aus sehr klugen und vernünftigen Gründen
Und natürlich äußerst anziehend und wild werden.
In einer Handvoll Himmel und Erde,
In einer Handvoll Gott
Können wir nicht die ekstatischen Liebenden
Zählen, die dort hinter dem
Geheimnisvollen Schleier tanzen.
Wahre Kunst enthüllt:
Es gibt keine Leere oder Dunkelheit.
Für den Eingeweihten gibt es keine
Einsamkeit in dieser leuchtenden, fließenden,
Verspielten Welt.

Warum all dieses Gerede

Warum all dieses Gerede vom Geliebten,
der Musik und dem Tanzen

Und vom rubinfarbenen Elixier im
erhobenen Becher?

Weil Ebbe herrscht,
eine ausgeprägte Ebbe erfasst die Herzen
in diesem Zeitalter.

Wir sind feine Korallenriffe,
die sterben, wenn sie mit Luft oder
sonderbaren Elementen in Berührung
kommen.

Gott ist der mit Wein gefüllte Ozean,
nach dem wir verlangen,
den wir vermissen.

Der stetig in jede unserer Poren
ein und aus
fließt.

Aus Weisheit

In vielen Teilen der Welt
ist Wasser selten und kostbar.

Manchmal müssen Menschen große
Entfernungen zurücklegen

Und schwere Krüge auf ihren Köpfen
tragen.

Aus Weisheit werden auch wir weit
für die Liebe reisen.

Jede Bewegung drückt unseren Durst aus.

Und mit jedem Gespräch wollen wir
eigentlich sagen:

"Ich hungere danach, Dich zu erkennen."

Jeder Wunsch deines Selbsts ist heilig.

Mein Lieber,
warum bis zum Tod warten,
um diese göttliche Weisheit zu
entdecken?

Das junge Gemüse

Heute will das Gemüse zubereitet werden

von jemandem, der Gottes Namen

singt.

Wie konnte Hafiz so ein tiefes Geheimnis kennen?

Weil wir früher einmal selbst Tomaten,

Kartoffeln, Zwiebeln

oder Zucchini

waren.

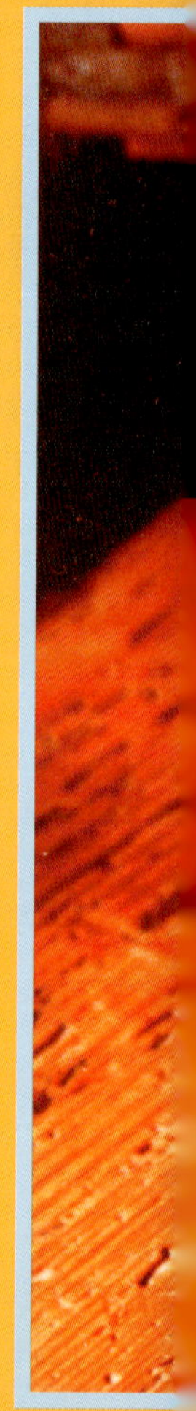

Sein Lieblingsort

Diesen Ort, an dem du gerade weilst,
hat Gott für dich in die Landkarte
eingezeichnet.

Deine Augen und Arme und dein Herz können
sich da, wo der Geliebte sich verneigt hat,
zum Himmel und zur Erde entfalten.

Er hat sich in dem Wissen verneigt,
dass du kommen wirst.

Ich könnte ein unbezahlbares Geheimnis
lüften
über deinen wahren Wert, lieber Pilger.

Aber jede Unfreundlichkeit dir selbst
gegenüber,
jede Verwirrung über andere hält dich
davon ab,

Seine Gnade und Liebe anzunehmen,
die dir der Himmel und die Weisheit
immer bereit halten.

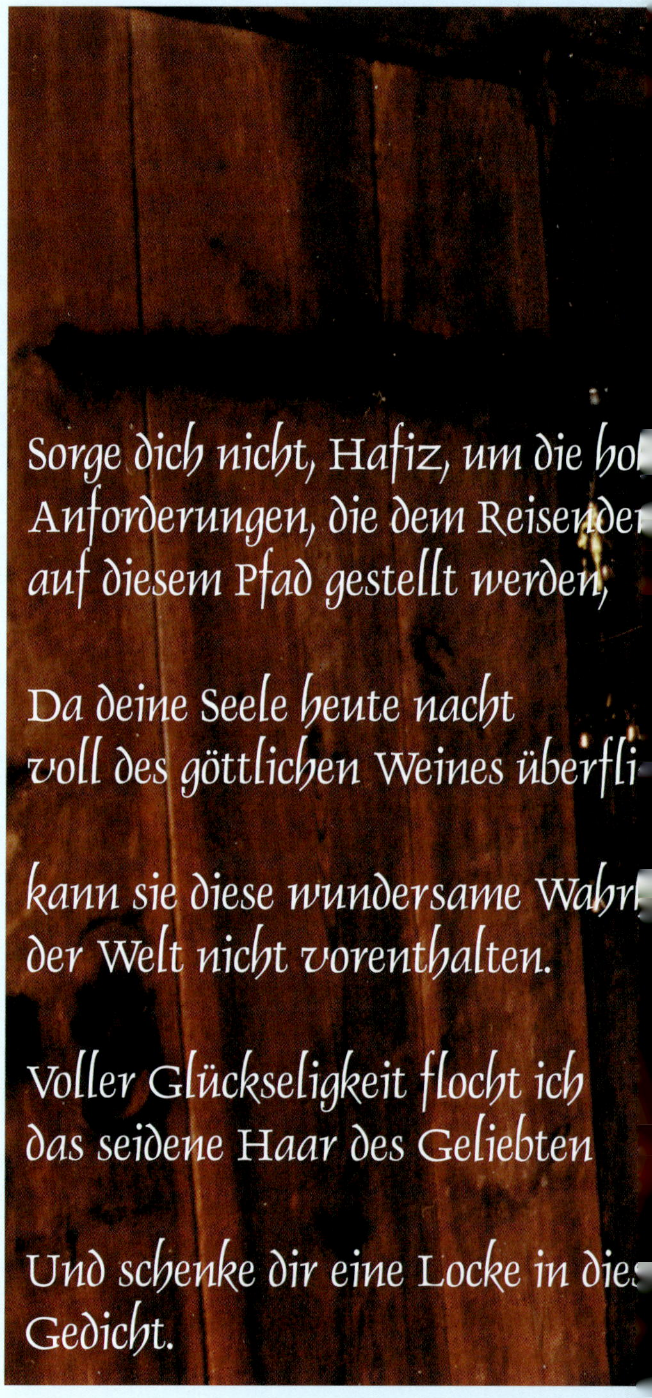

Liebenswerter alter Bettler

Dieser Pfad zu Gott
machte mich zu solch einem liebenswerten
alten Bettler.

Ich hungerte, als eines Nachts

meine Liebe
Gott selbst verlockte

und Er in meine Bettlerschale fiel.

Nun ist Hafiz unermesslich
reich,

das Einzige, was ich immerfort
möchte,

ist, meine mit Edelsteinen
gefüllten Taschen

auf diese tränenbefleckte
Welt auszuleeren.

Tagaus Tagein

Ich erwache aus einem Nickerchen,
und mich begrüßen dieselben klaren Worte,

die ich jeden Morgen beim Erwachen höre:

"Wo kann ich den Freund finden?"

Ich kleide mich und esse und arbeite
nur aus einem einzigen Grund.

Aber warum das Wesentliche heute
erklären und das Heilige herabwürdigen?

Jeden Tag beim Erwachen ist die erste
Frage, die mein besorgtes Herz stellt:

"Irgendwelche Neuigkeiten vom Freund?"

Kein anderes Licht

Finde diese Flamme,

Dieses Licht,

Diesen wunderbaren Menschen,

Der unter Wasser brennen kann.

Keine andere Flamme

Kann das Essen kochen,

Das du brauchst.

Der Tod tut uns einen Gefallen,
da die Waagschalen unseres Lebens
ihr Gleichgewicht verloren.
Die Vergänglichkeit unseres Körpers
sollte mehr Klarheit in uns schaffen,
und das Wunder dieses geheimnisvollen
Lebens, das wir alle teilen,
in uns vertiefen,
denn sicherlich sind wir nur auf
der Durchreise.

Das Geheimn

Wenn Hafiz heute nacht in der Taverne wäre,
würde er eine Runde ausgeben.
Wenn der Meister einschenkt,
erinnere ich mich
an das Geheimnis meines Lebens:
Wir sind ein goldener Strahl des Weins,
der zwischen Seinem göttlichen Krug
und seinem Becher fließt.
Wäre ich heute nacht in der Taverne,
würde ich die ganze Welt zu Seinem Trunk
einladen,
denn die Heirat mit der grausamen
Schönheit von Raum und Zeit
kann nicht lange dauern.
Der Tod tut uns einen Gefallen,
da unsere Gemüter ihr Gleichgewicht
verloren.
Das wundersame Leben und die
Unbeständigkeit der Form bringen die
Erleuchteten immer wieder zum Singen und
zum Lachen.

es Wunders

Wunderbare Hände

Solch ein Freund bist du –

Ohne dass du mich die Leidensgeschichte

Meiner Seele spüren lässt,

Schleichst du dich nachts in mein Haus

Und während ich schlafe

Trägst du all mein Leiden

Und meine betrübte Vergangenheit fort

In Deinen wunderbaren

Händen.

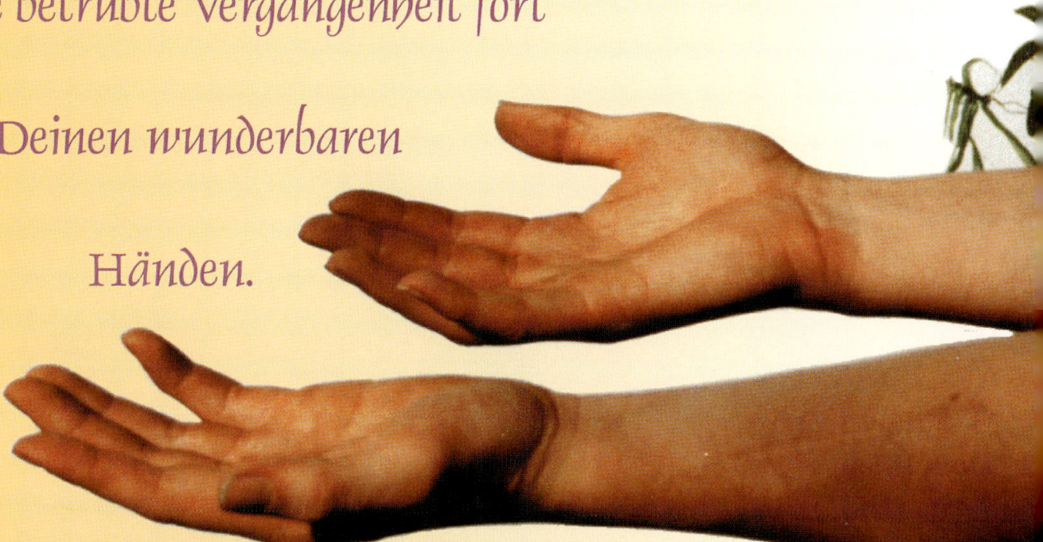

Errichte ein Hau

Du hast dich im Geliebten verankert.
Deshalb liebe ich deine goldenen Zweige

und die vielfältigen Bewegungen voller Anmut,
die dein Körper jedesmal macht,
wenn der Wind, die Liebe und die Kinder
dir entgegenkommen.

Errichte ein Haus für Menschen und Vögel.
Geselle dich zu ihnen und spiele Musik.

Einen Tag lang, nur einen Tag lang
sprich über das, was keinen stört
und deinen bezaubernden Augen Frieden bringt.

Warum deinem sanften Flötenmund
Töne entlocken,

die dem Ohr des Blauen Himmels Schmerz zufügen?

ür die Menschen

Der Freund hat eine solche Kraft
der Transformation,
jedesmal, wenn du dich vor ihm verneigst,
wird dein Gemüt leichter und feiner.

Dein Geist wird Seine Stimme erheben
und in erregender Freiheit lachen.

Du hast dich in unserem Geliebten verankert.

Ich liebe deine Zweige mit Edelsteinen besetzt,
und ich liebe die vielen verschiedenen
Bewegungen deines Herzens.

Jedesmal, wenn du Gott findest, ist Er
außer sich vor Freude,

spielen Seine Hände doch Fangen mit Deiner Seele!

بشنو این نی چون شکایت می‌کند / از جدایی‌ها حکایت می‌کند
کز نیستان تا مرا ببریده‌اند / در نفیرم مرد و زن نالیده‌اند
سینه خواهم شرحه شرحه از فراق / تا بگویم شرح درد اشتیاق
هر کسی کو دور ماند از اصل خویش / باز جوید روزگار وصل خویش
من به هر جمعیتی نالان شدم / جفت بدحالان و خوش‌حالان شدم
هر کسی از ظن خود شد یار من / از درون من نجست اسرار من
سر من از ناله من دور نیست / لیک چشم و گوش را آن نور نیست
تن ز جان و جان ز تن مستور نیست / لیک کس را دید جان دستور نیست
آتش است این بانگ نای و نیست باد / هر که این آتش ندارد نیست باد
آتش عشق است کاندر نی فتاد / جوشش عشق است کاندر می فتاد

Deine Medizin

Wenn du immer wieder vergisst,

deine Medizin einzunehmen,

indem du jeden Tag deine Gebete vernachlässigst,

wie kann dann Hafiz ernsthaft deinen

Seelenschmerz über Gott und das Leben

erhören?

Der Tageshimmel

Lass uns wie zwei verglühende

Sternschnuppen am Tageshimmel sein.

Lass niemand um unsere himmlische

Schönheit wissen,

wenn wir brennend unsere Hände halten

einem heiligen Dasein entgegen,

das alles überragt

jeder Beschreibung Gottes

und der Verzückung.

Und eine grosse Herde verspielter Ziegen

Singend ging ich in einem wunderschönen
Garten spazieren, als sich der Garten
in meine Stimme und sogar in meine Füße
verliebte.

Voller Entzücken entschloss er sich,
mir einfach nach Hause zu folgen und dort
für immer zu verbleiben.

Das gleiche geschah mit der Sonne, dem Saturn
und einem Dutzend anderer Urlaub machender,
heiterer Planeten

Und ganz in der Nähe ließ sich ein Gebirgszug
nieder, auf seinem Rücken Bäume, Bächlein
und Fische

Mit einer großen Herde von verspielten Ziegen

Mein Lieber,
was Hafiz dir wirklich kundtun will:

Wenn du dich jemals einsam fühlst,
Komm her,

besuche diese wilden Zeilen
Meinen himmlischen Vers

wo wir stets alle so glücklich
leben.

Etwas, das

Wasser
gießt man durch ein Tuch,
um Unreinheiten aufzufangen.

Des Geliebten Name
ist ein mystisch gewebtes Muster

Ein verborgenes Sieb
von strahlender Schönheit,
durch das wir Tausende Male
hindurch müssen.

Durch die ständige Erinnerung
an den Freund

gelernt habe

Kann ich nur sagen:
Das Wasser ist rein genug
zu trinken.

Etwas, das ich von dem
freundlichen Strahlenden Einen
gelernt habe,

Der mich zum unerschöpflichen
Himmelsbrunnen zog,

Versetzte mich den ganzen Tag über
in eine spielerische Stimmung.

Die kleine Zei

Ich bin ein goldener Kompass
Schau mich an, wie ich mich drehe.

Nach Osten und nach Westen
Nach Norden und nach Süden
In allen Richtungen zeige ich dir
Den wahren Kurs
Zur Freude und zur Einheit.

Überallhin werde ich Erleuchtung bringen:
Auf den Rücken von Kamelen, Vögeln
Und starken Pilgern.

In jedes Land werde ich die
Heiligen Namen tragen und ohne Ende
Tanzen.

Ich bin ein goldener Kompass
Schau, wie ich mich drehe und schimmernde
Perlen der Lyrik und der Wahrheit singe.

Raumtabelle

Ich bin ein göttlicher Botschafter.
Dein Ticket für die Reise zum Licht könnte
Meinen Stempel benötigen.

Mein Fuß und mein Vers
Sind nun in Verzückung und
Schweben mitten in der Luft.

Lege nur deinen Kopf unter meine
Erhobene Fußsohle
Wir werden auf dich herniedersinken.

Beobachte mich, wie ich mich
Ins Nichts drehe.
Deine Ängste und deine Dunkelheit
Wirf immer wieder auf meinen
Goldenen Teller.

Ich bin ein heiliges Instrument
Stets auf Gott eingestimmt.
Er lebt jenseits aller Dimensionen.

Berauscht vom göttlichen Wein
Wurde ich vom Boden einer erhabenen
Taverne in die Höhe gehoben.

Nun blicke ich von meinem Sitz der
Göttlichen Liebe auf alles
Mit leuchtend klaren Augen.

Leicht kann ich jetzt meine Wange
Über den schmalen Tisch von Zeit und Raum
Lehnen

Und du kannst meinen schönen und lachenden
Seidigen Bart berühren.

Hafiz ist ein Kompass, von Edelsteinen
Eingefasst.

Meine Weisheit wird deinen Beutel
Mit Manna füllen.

Meine einzige Pflicht, die dieser Welt
Gegenüber verbleibt, ist,

Für immer in alle Richtungen
Hoffnung und Wein auszuschenken.

Hafiz ist ein goldenes Gewand,
Das der Geliebte vom wunderschönen
Boden aufhob und um seine Hüfte wand.

Schau, wie wir uns drehen,
Drehen und drehen!

Spielen ir

Der Heilige schaut aus seinem Boot,
Das auf den Meeresgrund gesunken ist.

Und er sieht deutlich,
Dass alle Fische, dass jeder
In dem sanften Licht spielt.

Der Heilige hebt seine Laute aus dem Bug
Seines Bootes
Und beginnt zu singen:

"Ihr Lieben,
Warum lasst ihr euren gewinnenden Körper handeln,
Als ob er gegenüber dem Messer eines Tyrannen lebt?

anften Licht

Warum vorgeben,
Dass euer ausgedehntes weites Leben,
Euer herrschaftliches Wesen
Zusammengequetscht
Wurde in einer winzigen roten Pfanne,

Und getreten vom Huf eines Kamels
Über den trockenen Sand rollt?"

Hafiz sieht deutlich,
Dass wir alle versunken sind.

Wir warten nur darauf,
Aufzubrechen in dem sanften Licht.

Ich sah dich tanzen

Gestern nacht sah ich dich tanzen
ganz allein auf dem Dach deines Hauses.

Ich fühlte, dass dein Herz
sich nach dem Geliebten sehnte.

Ich sah, wie du dich drehtest
unter der zarten strahlenden Rose,
die an einem unsichtbaren Stiel
vom Himmel hing.

Daraufhin habe ich meine besten
Kleider angezogen,
um mit dir zu feiern,
obwohl tausend von Meilen
entfernt von dir.

Hättest du dich nur zweimal mehr gedreht
in dieser makellos reinen Sphäre
und dich wieder so anmutig gen Osten verneigt,

dann hättest du bemerkt,
dass Gott und ich dir so nahe sind
und du in unseren Armen liegst.

Gestern nacht sah ich dich
nahe dem Dach dieser Welt tanzen.

Hafiz spürt, dass deine Seele
in meiner ruhend
nach dem Geliebten ruft.

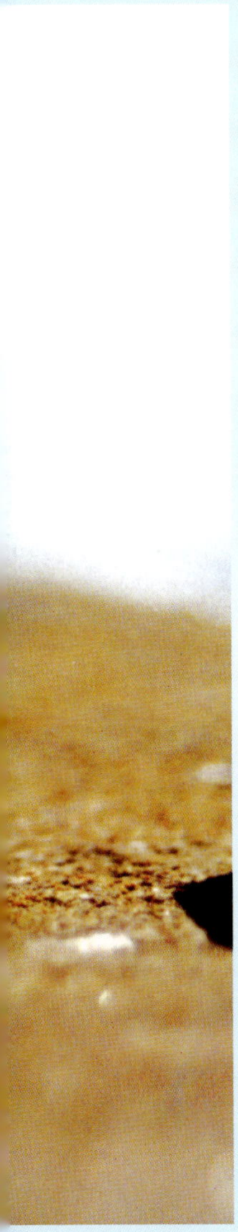

Kristallklar

Gib deine Einsamkeit nicht so schnell auf,

Lass sie tiefer einwirken.

Lass sie gären und dich würzen,

so wie es wenige menschliche oder göttliche

Zutaten vermögen.

Heute nacht fehlt meinem Herzen etwas,

was meine Augen so sanft

und meine Stimme so weich macht

und mein Verlangen nach Gott

kristallklar.

Zehntausend Narren

Für Aspiranten auf dem Pfad
besteht immer dann Gefahr,
wenn sie glauben und entsprechend handeln,
als ob die zehntausend Narren,
die so lange innen gelebt und regiert haben,
all ihre sieben Sachen gepackt
und sich aus dem Staube gemacht hätten
oder gestorben wären.

Einige Engel sind unzufrieden

Jedesmal, wenn ein Mensch auf dem Pfad

sein Wort nicht hält,

sind einige Engel unzufrieden

und müssen ihre Wette zurückziehen,

die sie auf dieses Menschen Herz

gesetzt haben.

Der Glückliche Virus

Gestern nacht fing ich den

Glücklichen Virus ein,

als ich draußen unter den Sternen sang.

Er ist unheimlich ansteckend –

So küsse mich.

Die Topfpflanze

Jeden Tag hole ich eine Sonne aus
meinem Portemonnaie

Und jede Nacht lasse ich mein Hündchen,
den Mond, frei auf der Himmelswiese
laufen.

Wenn ich pfeife, dreht er sich nach mir um
und schaut mich an.

Wenn ich ihm mit meinen Armen
zuwinke,
kommt er zurück und wedelt mit
seinem strahlend schönen Sternenschweif.

Es gibt immer Menschen wie mich auf
dieser Welt, die Gottes Haus hüten.

Wir teilen Seine königlichen Pflichten:

Jeden Tag bewässere ich Seine
Lieblingspflanze - diese Erde.

Bitte den Freund um Liebe.
Bitte ihn immer wieder.

Ich habe gelernt, dass jedes Herz
das bekommt, worum es
am meisten betet.

Niemand kann uns davon abhalten,
Gott überall,
wohin wir auch gehen, mitzunehmen.

Niemand kann Seinen Namen aus unserem
Herzen stehlen,

Wenn wir versuchen, unsere Ängste und unsere
Verzweiflung mit Ihm auszugleichen,
um letztlich das Glück anzunehmen.

Wir brauchen Ihn nicht nachts ganz allein
in der Moschee oder in der Kirche lassen;

Wir brauchen nicht eifersüchtig sein
auf die Geschichten von Heiligen und
berauschten Seelen,

Die in ihrer feurigen Liebe zum Freund
entflammten.

Herzen

Wir brauchen nicht unseren Geist
um die Fähigkeit neiden,
Gott manchmal im Traum zu berühren.

Da unsere schwieligen Hände, offenen Augen,
unsere Worte und unser Mund,

Unsere Schweißperlen auf der Stirn
alle Gott nahe sein können.

Niemand kann uns daran hindern,
den Geliebten überall mitzunehmen,
wohin wir uns auch wenden.

Niemand kann unseren Herzen
Seinen kostbaren Namen stehlen,

Nicht dem Rhythmus unserer Schritte,
nicht unserem Atem.

Spuren im Schnee

Nach dir sehne ich mich so sehr,
Barfuß folge ich deinen
Spuren im Schnee,

Die hoch in den Bergen liegen
Und vor langer Zeit geprägt wurden.

Nach dir sehne ich mich so sehr,
Ich habe sogar begonnen
Mich dorthin zu wagen,
Wo ich nie zuvor gewesen bin.

Hafiz, es gibt keinen in der Welt,
Der sich nicht nach Gott sehnt.

Jeder schleppt sich dahin
Mit soviel Würde, Mut und Haltung

Wie er nur kann.

Hüter se

Wir sind die Hüter Seiner Schönheit.

Wir sind die Beschützer der Sonne.

Es gibt nur einen Grund,
warum wir Gott in diese Welt folgten:

um Lachen, Freiheit, Tanz und Liebe
zu fördern.

Laß einen zärtlichen Schrei von
dir innen zu mir gehen
und sprich:

"Hafiz,
in dieser Nacht sitze nicht einfach
auf dem Mond
in süßem Nichtstun

Schönheit

Hilf mir, mein Herz in des Freundes
Gemüt zu legen,
hilf mir, alter Mann,
meine gebrochenen Flügel zu heilen!"

Wir sind die Begleiter Seiner Schönheit,
wir sind die Hüter der
Wahrheit.

Jeder Mann, jede Pflanze und
jedes Lebewesen,
jede Frau, jedes Kind, jeder Blutstropfen,
jede Musiknote
sind Diener unseres Geliebten

Ein Überbringer der Freude,
ein Bote des Lichts.

Wie der Ganges

Die Sonne benötigt eine heilige Tafel, worauf sie
Ihren strahlenden Vers schreiben kann.

Und Hafiz wurde zum gesegneten Stein.

Wenn der Freund trunken von Wein zu wanken
Beginnt, fließt Musik wie der Ganges
Aus seinem Mund.

Dann braucht er fruchtbare Ufer und Wälle
In der Welt, um das unbändige Licht
Einzudämmen.

Ich baue Kanäle zu den Städten und in
Die Ebenen. Ich fließe an kleinen Dörfern
Vorbei und singe.

Ich nähre und kühle die Wurzeln der Bäume,
Die Sterne und die Menschen.

Frauen waschen ihre Kleider in mir.
Durstige Kälber und abgemagerte Hunde
Kommen,

Begleitet von staunenden Kindern.
Bald fangen wir an, uns zu bespritzen
Und zu küssen.

Vögel fliegen zu meinen Ufern und
Verkünden begeistert die Neuigkeit:

Der Vers von Hafiz ist wie ein türkisches Bad;
Ein Blick von Hafiz ist wie ein
Erfrischendes Bad im Meer.

Wo jeder seinen Körper reinigen kann
Im Klang der Flöte und in der
Glückseligkeit

In der Sanftheit meines bezaubernden Rhythmus.

Meine Poren sind erfüllt von Seiner Musik.
Ich bin durchdrungen von der unfaßbaren
Wahrheit.

Heute nacht bin ich ein taumelnder
Ehrfurchtgebietender Planet, denn den ganzen
Tag über habe ich Beziehungen geknüpft.

Mit meiner göttlichen Schwerkraft
Wirke ich auf alle Betrübten,
Auf die Gemüter und die Seelen.

Voller Begeisterung spreche ich mit Worten
Und auch mit der reinsten Sprache der Stille

Auf tausend verschiedene Weise sage ich:
"Liebe Landsleute und alle meine
Nahen Kousins
Ihr Kometen und Galaxien,

Jede Amöbe, jedes Geschöpf und jede Pflanze,
Bringt euren Becher und ich werde euch
Gott einschenken.

Oh, wenn der Freund liebestrunken zu schwanken
beginnt, fließt Musik wie der Ganges aus
Seinem Mund.

Der schweben

Der Himmel ist ein
schwebender blauer Ozean.
Die Sterne schwimmen
wie Fische darin.

Die Planeten sind weiße Wale,
auf denen ich manchmal reite.

Die Sonne und alles Licht
sind für immer
verschmolzen in meinem Herzen
und auf meiner Haut.

blaue Ozean

Es gibt nur eine Regel
auf diesem wilden Spielplatz,
da jedes Schild, das Hafiz je gesehen hat,
das gleiche sagt.

Sie alle sagen:
"Hab' Spass, mein Lieber,
mein Lieber, hab' Spass

Im göttlichen Spiel des Geliebten,
Oh,
in dem wunderbaren Spiel des Geliebten."

Komm mit mir in die reine Atmosphäre

Nachts gleite ich in den See und wieder hinaus
Mit meiner staunenden Seele.

Ich bin wie eine prächtige, magische
Meeresschildkröte,

Die manchmal ihre weiten Schwingen der blauen
Strahlung beiseite legt und über deine
Küsten kriecht, um die Saat ihrer göttlichen Verse
Zurückzulassen.

Lass mich heute nacht verborgen bleiben
Den ganzen Weg
Über bis zur Morgendämmerung,

Denn ich umkreise Gott
In dieser heiligen ekstatischen Stimmung.

Halte fest an den Ecken meiner leuchtend
Zarten Schale

Und ich werde mich für dich drehen,
Denn ich bin mit außergewöhnlichen Kristallen
Bedeckt,

Die ich aus den unendlichen Tiefen der Liebe
Zusammengetragen habe.

Folge meinen Spuren im Sand,
Die jenseits der Gedanken und des Raumes führen.

Denn ich kann in die Tiefe schauen und
Erkennen, daß du wirklich ein goldener Vogel bist,

Dem zu tanzen gebührt
Mit seinem entflammten Geist, der aufsteigt
Auf den Strahlen des Lichts
Auf den Strahlen Seines Atems.

Kommt mit mir mit euren Händen, Flügeln,
Hufen oder Flossen
In meinen großartigen Applaus.

Kommt mit mir in die reine Atmosphäre
Der Dankbarkeit für das Leben.

Jede Nacht gleite ich in den Mond und wieder hinaus
Entspannt mit wohlwollender Leichtigkeit
Mit meinem leuchtenden Herzen.

Der wunderschöne Freund, der auserlesene Eine,
Tritt manchmal aus seinem unsichtbaren Körper
Und spaziert an unserer Küste entlang,

So dass wir Seine leuchtend zarte Schale
Sehen und erkennen können
Und Seine außergewöhnlichen Kronen
Die drei Welten.

Oh, halte dich fest am Saum Seines Gewandes,
Wenn er dieses Universum auf einer Tanzfläche
Aus Edelsteinen herumwirbelt!

Hafte an den transzendenten Elementen
In Seinem Blick, da der Geliebte immerfort seine Liebe
Herumdreht.

Hafiz geht nachts in Gott ein und kommt wieder
Heraus,
Gebunden an seine eigene erstaunte Seele.